SYLVESTRE DE PITTI—FERRANDI

PROFESSEUR DE LÉGISLATION CRIMINELLE
à la Faculté de Droit d'Aix.

L'OUTRAGE ENVERS LE SÉNAT

ET LA CHAMBRE DES DÉPUTÉS

EST-IL UN DÉLIT ?

SÉNAT. — Séance du 28 février 1890

MARSEILLE

IMPRIMERIE DU JOURNAL DE MARSEILLE, A. GARRY & Cⁱᵉ

Rue Sainte, 6

—

1890

SYLVESTRE DE PITTI–FERRANDI

PROFESSEUR DE LÉGISLATION CRIMINELLE
à la Faculté de Droit d'Aix.

———

L'OUTRAGE ENVERS LE SÉNAT

ET LA CHAMBRE DES DÉPUTÉS

EST-IL UN DÉLIT ?

———

SÉNAT. — Séance du 28 février 1890

———

MARSEILLE

IMPRIMERIE DU JOURNAL DE MARSEILLE, A. GARRY & Cᵉ

Rue Sainte, 6

—

1890

L'OUTRAGE ENVERS LE SÉNAT

ET LA CHAMBRE. DES DÉPUTÉS

EST-IL UN DÉLIT ?

SÉNAT.— Séance du 28 février 1890

La Chambre des Députés doit délibérer, dans quelques jours, sur la proposition de M. Marcel Barthe, déjà adoptée par le Sénat, et qui a pour objet d'enlever aux Cours d'assises, pour la déférer aux tribunaux correctionnels, la connaissance des délits d'injure, outrage et diffamation commis par la voie de la presse contre le Président de la République, les Ministres, les Membres des deux Chambres, les Fonctionnaires publics, les Corps constitués, les Dépositaires ou Agents de l'Autorité publique et toutes personnes chargées d'un service ou d'un mandat public(1). Il nous paraît utile d'appeler l'attention de nos législateurs sur une question qui intéressse

---

(1) *Journal Officiel* du 15 février 1890. Sénat, p. 125.

au plus haut degré la liberté de la presse et que nous formulons de la manière suivante : « La loi du 29 juillet 1881 punit-elle l'outrage envers le Sénat ou la Chambre des Députés ? »

Cette question a été soulevée au Sénat par M. Bardoux dans la séance du 28 février dernier. M. Bardoux a présenté un amendement ainsi conçu : « Néanmoins, les délits d'injure publique et de diffamation adressées au Sénat, à la Chambre des Députés ou au Ministère resteront soumis à la juridiction du jury » (1). Le Sénat a repoussé cet amendement et il a décidé que les injures et diffamations adressées au Sénat ou à la Chambre des députés seront jugées par les tribunaux correctionnels. Il a décidé par cela même que ces injures et diffamations sont des délits. Nous nous proposons de démontrer que depuis la loi du 29 juillet 1881 l'outrage envers le Sénat ou la Chambre des Députés ne constitue plus un délit. Il résultera, nous le croyons, des observations que nous allons présenter, que le Sénat a consacré une partie de la séance du 28 février à discuter une question qui n'est pas discutable et qu'il a déféré aux tribunaux correctionnels la connaissance *d'un délit qui n'existe pas.*

Avant d'entrer dans l'examen de la question qui va faire l'objet de cet article, il est nécessaire d'indiquer dans quelles circonstances elle a été soulevée par M. Bardoux. Après avoir consacré cinq séances (2) à la discussion de la proposition de M. Marcel Barthe, le Sénat a décidé, le 28 février, que l'article 45 de la loi du 29 juillet 1880 serait rédigé de la manière suivante :

(1) *Journal Officiel* du 1er mars 1890. Sénat, p. 188.
(2) Les séances des 14, 20, 21, 27 et 28 février 1890.

« Les crimes et délits prévus par la présente loi sont
« déférés à la Cour d'assises.

« Sont exceptés et déférés aux tribunaux de police
« correctionnelle les délits et infractions prévus par les
« articles 3, 4, 9, 10, 11, 12, 13, 14, 17, paragraphes 2
« et 4, 26, 28, 30, 31, 32, 33, 36, 37, 38, 39 et 40 de la
« présente loi. (1)

Si cette rédaction nouvelle de l'article 45 adoptée par
le Sénat est également votée par la Chambre des Députés, il ne sera plus vrai de dire qu'en matière de délits
de presse la compétence appartient, en principe, à la
Cour d'assises. Il faudra dire, au contraire, que les délits
de presse seront jugés, en principe, par les tribunaux
correctionnels et exceptionnellement par la Cour d'assises.

Seront, en effet, déférés aux tribunaux correctionnels
les contraventions punies de peines correctionnelles et
les délits suivants :

1º Infractions aux prescriptions concernant le dépôt par
l'imprimeur des exemplaires destinés aux collections
nationales (art. 3 et 4) ;

2º Infractions aux dispositions des articles 6, 7 et 8
sur l'organisation de la gérance, la déclaration préalable
à la publication de tous journaux et écrits périodiques,
et la déclaration des mutations (art. 9) ;

3º Infractions aux prescriptions concernant le double
dépôt par le gérant de deux exemplaires de chaque
feuille ou livraison du journal ou écrit périodique (art 10) ;

_____

(1) *Journal Officiel* du 1ᵉʳ mars 1890. Sénat, p. 191.

4° Défaut d'impression du nom du gérant au bas de tous les exemplaires (art. 11) ;

5° Refus d'insertion ou insertion tardive ou irrégulière des rectifications adressées par les dépositaires de l'autorité publique (art. 12), et des réponses adressées par les particuliers (art. 13) ;

6° Mise en vente ou distribution des journaux ou écrits périodiques étrangers dont la circulation est interdite (art. 14) ;

7° Enlèvement, lacération ou altération, par un fonctionnaire ou agent de l'autorité, d'affiches apposées par ordre de l'administration, ou d'affiches électorales émanant de simples particuliers (art. 17 § 2 et 4) ;

8° Outrage aux bonnes mœurs par dessins et imprimés autres que le livre (art. 28 combiné avec la loi du 2 août 1882) ;

9° Diffamation ou injure envers les particuliers (art. 32, 33 § 2) ;

10° Publication, avant leur lecture à l'audience publique, des actes d'accusation et autres actes de procédure criminelle ou correctionnelle (art. 38) ;

11° Compte—rendu des procès en diffamation dans lesquels la preuve des faits diffamatoires n'est pas autorisée, des procès civils dont les Cours et Tribunaux ont interdit de rendre compte, et des délibérations intérieures des Jurys des Cours et Tribunaux (art. 39) ;

12° Ouverture ou annonce publique de souscriptions ayant pour objet d'indemniser des condamnations prononcées en matière criminelle ou correctionnelle (art. 40) ;

13° Offense au Président de la République (art. 26) ;

14° Outrage aux bonnes mœurs commis par la parole

ou par la voie du livre. (L'outrage aux bonnes mœurs par dessins et imprimés autres que le livre est de la compétence du tribunal correctionnel en vertu de la loi du 2 août 1882, art. 28) ;

15° Diffamation ou injure envers les cours, tribunaux, les armées de terre ou de mer, les corps constitués et les administrations publiques (art. 30 et 33 § 1).

16° Diffamation ou injure à raison de leurs fonctions ou de leur qualité envers les ministres, les membres des deux chambres, les fonctionnaires ou agents de l'autorité publique, les ministres des Cultes, les citoyens chargés d'un service ou d'un mandat public, les jurés ou envers les témoins à raison de leur déposition (art. 31).

17° Offense envers les Chefs d'Etat étrangers (art. 36) ;

18° Outrage envers les agents diplomatiques étrangers (art. 37).

Seront déférés à la Cour d'assises les crimes et délits suivants :

1° Provocation à commettre un crime ou un délit, quand elle a été suivie d'effet, ou à commettre un crime quand elle n'a été suivie que d'une tentative (art. 23) ;

2° Provocation, non suivie d'effet, à commettre les crimes de meurtre, de pillage ou d'incendie, ou l'un des crimes contre la sûreté de l'État prévus par les articles 75 à 101 du Code pénal (art. 24 § 1) ;

3° Cris ou chants séditieux (art. 24 § 2) ;

4° Provocation à des militaires dans le but de les détourner de leurs devoirs (art. 25) ;

5° Publication ou reproduction de nouvelles fausses, ou de pièces fabriquées, falsifiées ou mensongèrement attribuées à des tiers (art. 27) ;

En comparant la rédaction nouvelle de l'arlicle 45 adoptée par le Sénat avec l'article 45 actuellement en vigueur, il est facile de voir que la Chambre Haute enlève au Jury, pour le déférer aux Tribunaux correctionnels, la connaissance des délits suivants :

1° Offense au Président de la République (art. 25) ;

2° Outrage aux bonnes mœurs commis par la parole ou par la voie du livre (art. 28) ;

3° Diffamation ou injure envers les Cours, Tribunaux, les armées de terre ou de mer, les corps constitués et les administrations publiques (art. 30 et 33 § 1) ;

4° Diffamation ou injure à raison de leurs fonctions ou de leur qualité envers les ministres, les membres des deux Chambres, les fonctionnaires ou agents de l'autorité publique, les ministres des cultes, les citoyens chargés d'un service ou d'un mandat public, les jurés ou envers les témoins à raison de leur déposition (art. 31);

5° Offense envers les Chefs d'États étrangers (art. 36);

6° Outrage envers les agents diplomatiques étrangers (art. 37).

Pourquoi le Sénat a-t-il modifié aussi gravement le régime de la presse ? Pourquoi a-t-il substitué les Tribunaux correctionnels au Jury pour la connaissance des délits de presse prévus par les articles 26, 28, 30, 31, 43 § 1, 36 et 37 de la loi du 29 juillet 1881 ? Les orateurs républicains qui ont défendu la proposi-

tion de M. Marcel Barthe ont prononcé contre le Jury
de véritables réquisitoires. Si l'on considère son origine
actuelle — qui est le suffrage universel — a dit M. de
Marcère (1), le Jury n'est pas compétent pour juger les
délits d'injure et de diffamation adressées aux fonctionnaires. Il ne peut pas se rendre compte du lien qui unit
le fonctionnaire au gouvernement, et de l'intérêt social
qu'il y a à préserver le gouvernement dans la personne
du fonctionnaire.

Les Jurés cèdent à un premier entraînement que la
réflexion n'a pas le temps de corriger. Comme ils jugent
sans désemparer, les apparences, les impressions peuvent les séduire et les égarer à leur insu. Ne vaut-il pas
mieux donner aux fonctionnaires « des juges qui ne
seront pas impressionnés par de vagues allégations, qui
exigeront des preuves précises, qui ne se contenteront
pas d'un mirage qu'il est souvent facile de créer. Ne
vaut-il pas mieux recourir à la juridiction ordinaire, à
celle qui juge tous les citoyons, aux magistrats qui ont
la pratique des débats judiciaires, qui savent ce qu'ils
doivent rechercher dans un témoignage, comment ils
doivent l'apprécier, qui ont l'expérience nécessaire pour
distinguer les présomptions des preuves. Ne vaut-il
pas mieux s'adresser à ces magistrats, qui rédigeront
une sentence, qui la motiveront ? Cette sentence, l'opinion publique l'appréciera librement, et la faculté de
l'appel viendra encore diminuer les chances d'erreur. »

L'impartialité même du jury peut être suspectée, car
des adversaires politiques peuvent avoir à juger le fonc-

(1) *Journal Officiel* du 21 février 1890. Sénat, p. 146.

tionnaire qui le combat (1)... « Le jury est nécessaire-
ment passionné, en ce sens qu'il subit presque totale-
ment les influences mobiles du dehors et de l'opinion
publique ; par conséquent, il est injuste ou il peut l'être,
c'est la même chose..... Si c'est un mandataire élu qui
se plaint, il peut tout craindre des partis, et si c'est un
fonctionnaire, il peut tout craindre encore des impressions d'un public qui, surexcité par de fausses appré-
ciations propagées par la méchanceté ou par la ven-
geance, peut être très facilement induit en erreur.

Le jury est passionné parce qu'il est homme, parce
qu'il appartient à la foule, à l'opinion publique. Ce n'est
pas le juge impartial qu'attend l'homme attaqué et
calomnié (2). » Le jury pourra avoir en face de lui comme
prévenu un ami politique. Sans avoir la conviction absolue que les faits sont vrais, il pourra rendre une réponse
affirmative qui innocentera un ami et qui atteindra pro-
fondément le fonctionnaire dans son honneur. (3). »

S'il s'agit, a dit M. Challemel-Lacour, « d'apprécier des
preuves dans une de ces causes où la passion politique
est mise en mouvement soit par le caractère des partis,
soit par la nature des faits du procès, je ne saurais hésiter un seul instant entre les lumières d'un magistrat,
quelque soit son origine, de quelque gouvernement
qu'il ait reçu son investiture, et celles d'un jury sorti ce
matin du néant, destiné à y rentrer ce soir, après avoir

(1) M. Thévenet, p. 136.

(2) *Journal Officiel* du 21 février 1890. Sénat. Discours de M. de Marcère, p. 146.

(3) *Journal Officiel* du 15 février 1890. Sénat. Discours de M. Corde-
let, page 127.

rendu un verdict anonyme et pour ainsi dire clandestin.

Je ne sais si ce jury est, comme le disait Royer—Collard, la parfaite image de la société, je ne sais pas même s'il doit l'être, et s'il serait désirable qu'il le fût. En tout cas, à certaines époques troublées, il refléterait d'étranges passions et s'inspirerait d'une singulière morale.

Mais sans me prononcer sur une fiction que je ne puis pas, malgré tout mon respect, m'empêcher de trouver exagérée et même bizarre, j'ose dire et je ne serai pas démenti, qu'à part les causes criminelles où le jury peut se considérer avec vérité comme l'organe de la conscience universelle, il risque fort de se laisser pénétrer à son insu par les passions qui bouillonnent autour de lui, il risque de céder à leurs entraînements et de se montrer à leur gré indulgent ou impitoyable, aveugle aux faits, sourd à l'équité, et il se montrera tel en toute sûreté de conscience, car il sera pleinement convaincu, soit en condamnant, soit en acquittant de servir une cause supérieure.

.... J'ose soutenir que dans un pays libre, sous un régime d'opinion, en face d'une nation attentive et avertie, la fonction seule du magistrat, par les habitudes d'esprit qu'elle donne, par les lumières qu'elle suppose, par la responsabilité qui s'y attache m'offre, que je sois plaignant ou que je sois prévenu, des garanties que je déclare ne trouver nulle part ailleurs (1).

L'intérêt de la République elle-même exige que les

_____

(1) *Journal Officiel* du 28 février 1890. Sénat. Discours de M. Challemel-Lacour, page 175.

fonctionnaires soient protégés contre le fléau de la diffamation. « La République est atteinte d'une maladie qui
est comme la maladie spéciale des gouvernements
démocratiques. Cette maladie c'est la diminution de
valeur morale chez le nombre de ceux qui, à tous les
degrés de l'échelle et sous un titre quelconque, composent le personnel républicain.

Le principe de ce mal réside avant tout, il n'y a pas à
le contester, dans les habitudes de la presse diffama-
trice, qui, s'adressant aux plus bas instincts, travaille
sans relâche et réussit trop souvent à éloigner de toutes
les fonctions et de tous les mandats, les plus capables
de les remplir et les plus dignes d'en être investis. Je ne
sais s'il se rencontrera quelques républicains pour sou-
rire du mal que je signale au lieu de s'en préoccuper....

Vous n'aurez pas la grève des candidats ; vous aurez
toujours des candidats, et en plus grand nombre que
jamais, car vous aurez pour candidats à toutes les fonctions et à tous les honneurs la foule de ceux que personne n'estime et dont personne ne se soucie, d'autant
plus hardis à se précipiter dans la cohue, qu'ils n'ont ni
dignité à sauvegarder, ni considération à perdre.

Le jour viendra peut-être — qui sait s'il n'est déjà
venu en plus d'un endroit ? — où pour former une liste
de Conseillers municipaux, il faudra se livrer à une sorte
de raccolage parmi les plus obscurs et descendre jusqu'aux plus tarés.

Que voulez-vous, les gens de mérite sont aussi gens
pacifiques et ils ont quelquefois le défaut d'être fiers ;
aussi répugnent-ils déjà, et répugneront-ils de plus en
plus à s'engager dans un pays à l'entrée duquel ils

voient se tenir l'outrage et l'injure, et où la diffamation, sous couleur de discussion et d'examen, les attend à tous les tournants du chemin.....

Vous jugerez que la liberté telle quelle se pratique à cette heure, c'est-à-dire l'impunité, ce n'est pas la liberté, mais la tyrannie (1). »

Ce n'est pas ainsi que les républicains parlaient du jury en 1881.

Voici ce que disait M. Lisbonne, dans son rapport à la Chambre des Députés : « Nous déférons au jury la connaissance de la généralité des délits commis par la voie de la presse et de la parole, qui impliquent l'appréciation plus spéciale des intentions des prévenus ou que la politique a plus ou moins occasionnés.

Nous disons, a plus ou moins occasionnés, parce qu'ainsi que nous avons eu le soin de le faire observer, et que le prouvent d'ailleurs les dispositions pénales de notre projet, nous n'avons pas retenu un seul de ces délits que les lois actuelles qualifient de délits politiques..... Les partisans du droit commun, en matière de liberté de la presse, nous sauront gré d'avoir dérogé à ses règles, de les avoir fait fléchir, relativement à la juridiction, et de les avoir fait fléchir dans le sens de la compétence du jury.

Quant aux adversaires, nous nous bornerons à répondre à leur critique, si elle se produit, que nous n'avons pas hésité, dans la distribution juridictionnelle à laquelle nous venons de faire allusion, à incliner fortement en

---

(1) *Journal Officiel* du 28 février 1890. Sénat. Discours de M. Challemel-Lacour, page 176.

faveur du jury, par la seule mais excellente raison du caractère essentiellement démocratique de son institution..... Nous déférons au jury : 1°..., 2°..., 3° L'outrage envers la République (art. 29).

Gouvernement du Pays par le Pays, la République outragée ne doit demander la réparation de ses injures qu'à des hommes pris dans le sein du peuple, pour nous servir de la vigoureuse expression de M. Faustin Hélie.

C'est à ces magistrats d'un jour, d'un moment, mais du jour et du moment où l'outrage vient de se commettre, qu'il appartient de s'imprégner des nécessités, des convenances de la situation, d'y puiser les raisons de leur verdict en même temps que son autorité.

4° L'outrage envers le Sénat et la Chambre des Députés (29).

Issus du suffrage universel, le Sénat et la Chambre sont responsables devant l'opinion.

Ils doivent donc déférer leurs griefs à cette magistrature nationale. Les jurés sont leurs pairs..... 5°... 6°... 7° Le délit de diffamation ou d'injures envers les corps constitués ou les personnes revêtues d'un caractère public indiquées aux articles 34 et 35.

De tous les temps, sauf aux deux époques de réaction violente de 1822 et 1852 qui marquent les deux phases les plus tyranniques dont la presse ait gardé le souvenir, le délit d'injure ou de diffamation envers les agents de l'autorité a été déféré au jury.

C'est l'article 13 de la loi du 26 mai 1819 qui a inauguré cette juridiction.

Quand fut discutée la loi du 25 mars 1822, M. de Serres opposa la plus vive résistance à l'abrogation de son œuvre du 26 mai 1819.

_ Répondant au reproche d'indulgence adressé au jury,
il disait :

J'oppose, à ce qu'on dit de cette prétendue indulgence,
le tableau de toutes les décisions que rendent en France,
depuis l'introduction du jury parmi nous, les jurés ou
les juges, et je déclare, peut-être contre l'opinion de
beaucoup, non sans preuves, mais avec la certitude du
fait, que c'est dans les décisions du jury que l'on trouve
le plus de sévérité. J'invite les personnes qui ont des
doutes sur ce point à consulter les magistrats qui ont
comparé le plus assidûment les décisions des juges et les
décisions du jury.

Répondant à la prétendue impressionnabilité des
Jurés :

C'est là leur mérite, disait-il, car, les délits de la
presse sont mobiles. Ils réclament un Tribunal également mobile, qui, se renouvelant perpétuellement, exprime sans cesse les divers états des esprits et des
besoins changeants de la société !

Nous déférons donc à la juridiction du Jury les délits
d'injure ou de diffamation envers les personnes publiques et autres, désignées dans les articles 34 et 35 de
notre projet de loi (art. 30 et 31 de la loi).

Nous allons par conséquent plus loin, à cet égard, que
la loi du 26 mai 1819 .

Nous allons plus loin que le projet présenté en mars
1870 et dont M Genton a été le rapporteur.

Nous allons plus loin surtout que la loi du 29 décem-
bre 1875 qui aurait dû devancer la loi de 1819, au lieu

de rester en arrière : elle n'aurait pas encouru le reproche de réagir contre l'œuvre de M. de Serres. » (1).

Dans son rapport au Sénat M. Pelletan s'exprimait
ainsi : « Il était du devoir de la République, il était de
son honneur de donner au pays une loi de la presse
conforme à son principe. Qui dit peuple souverain dit
peuple libre ; or, un peuple n'est libre qu'autant qu'il
est en possession des libertés indispensables à l'exer-
cice de sa souveraineté. De toutes les libertés, la plus
nécessaire sera toujours la liberté de discussion.

Il était temps enfin de reconnaître qu'en fait d'opinions
particulières, il n'y a qu'un Tribunal possible, le bon
sens public ; c'est devant lui que toutes viennent com-
paraître, que toutes viennent plaider, parce que tous
reconnaissent qu'il a seul compétence en pareille matière. Et pourquoi donc a-t-on confié au Jury le soin de
juger les délits de parole, si ce n'est parce que le Jury
est précisément le juge le plus près de l'opinion publique, et qu'il peut en être le meilleur interprète ? » (2)

Il n'y a pas de délits d'opinion, disait à son tour M. de
Marcère, et le gouvernement n'a pas besoin d'en créer,
d'en supposer pour se protéger ; il ne peut se protéger
contre les attaques dont il sera l'objet que par la force
qu'il a en lui, et, par l'appui qu'il trouve dans l'opinion
publique. L'opinion publique, l'assentiment général, la
confiance qu'il inspire, voilà sa vraie force et sa seule
défense. (3)

---

(1) Celliez et Le Senne. Loi de 1881 sur la Presse, accompagnée
des travaux de rédaction et conforme au compte rendu *in-extenso*
du *Journal Officiel*, pages 549-553.

(2) Celliez et Le Senne , p. 18.

(3) Celliez et Le Senne, p. 215. *Journal Officiel* du 28 janvier 1881, p. 76.

Les orateurs qui ont combattu la proposition de
M. Marcel Barthe ont adjuré le Sénat de ne pas renoncer
à la tradition libérale qui a consacré l'institution du Jury
en matière de délits de presse. S'adressant directement
à M. Thévenet, M. Trarieux s'est exprimé ainsi : « Vous
avez dit que vous éleviez le débat ; pour moi, vous le
diminuez et vous l'amoindrissez. Toute votre thèse con-
siste à prétendre que la diffamation envers les fonctionnaires ne constitue ni un délit de presse, ni un délit poli-
que, mais c'est simplement nier l'œuvre de 1819, celle
de 1830, celle de 1848, celle de 1871 ; c'est se mettre en
contradiction voulue avec les déclarations de tous ceux
qui, dans le passé, nous ont ouvert la route qui devait
nous conduire à la conquête de la liberté. » (1)

MM. Biré et Bernard ont protesté contre le reproche
d'incompétence adressé au jury par M. Thévenet,
M. Challemel-Lacour et M. de Marcère. En 1882, a dit
M. Biré, « on avait fait à l'encontre du jury, des objec-
tions qui étaient très spécieuses, mais auxquelles on a
répondu dès cette époque ; la réponse est encore aujour-
d'hui applicable, elle est irréfutable.

On disait que le jury manquait de lumières néces-
saires pour décider dans les questions de diffamation.
Mais ces questions de diffamation n'étaient pas si com-
pliquées que celles que soulèvent les affaires ordinaires
que l'on abandonne au jury. Ainsi, les questions de faux
ou de banqueroutes frauduleuses sont tout aussi compli-
quées que celles qui peuvent résulter des faits de la diffamation, et même davantage.

(1) *Journal Officiel* du 15 février 1890. Sénat, p. 138.

Le jury prononce sur des points qui sont les plus déli-
cats, les plus embarrassants qui puissent être proposés
au jugement des hommes. Comment seraient-ils incom-
pétents pour les délits de presse, injures, diffamations (1) ? »

M. Bernard s'est exprimé en ces termes : « Un de nos
honorables collègues, M. de Marcère, a donné à l'appui
de la proposition de loi une raison qui a elle seule devrait
décider la majorité républicaine de cette assemblée à
repousser cette proposition. Il a dit qu'en matière de
diffamation le jury est incompétent, et « que cela est
« vrai surtout si l'on considère l'origine actuelle du jury
« qui est le suffrage universel (2). » Il faut savoir gré à
M. de Marcère de sa courageuse franchise, mais cet aveu
est grave. Dans sa pensée comme dans celle de la Commission, la loi serait-elle donc une loi de défiance et de
suspicion envers le suffrage universel ?... Je dis que c'est
dans son origine même, dans le suffrage universel que
le jury puise sa force, son autorité et son indépendance.
Comment ! vous faites du suffrage universel la base de
nos institutions politiques, vous en faites le maître
absolu, l'arbitre souverain des destinées de ce pays; vous
lui reconnaissez aptitude et compétence pour résoudre
les problèmes les plus difficiles de la politique, et, lorsqu'il s'agit d'apprécier l'honneur, la probité d'un fonctionnaire public, vous repoussez son concours, vous le
répudiez, vous le suspectez, vous le soupçonnez ! Vous
lui reconnaissez encore, aptitude et compétence pour

(1) *Journal Officiel* du 28 février 1890. Sénat. p. 178.

(2) *Journal Officiel* du 21 février 1890. Sénat, p. 146.

trancher les questions les plus graves, les plus délicates, les plus épineuses de notre droit pénal, lorsqu'il s'agit de vols qualifiés, pour ne citer qu'un exemple, et il ne serait pas compétent pour se prononcer sur un simple délit de diffamation ? Quel imprudent aveu et quelle contradition (1) ! »

Vous voulez, a dit M. Fresneau, « que les fonctionnaires soient respectés. Vous avez raison. Dans un pays qui a un passé comme celui de la France, la tradition a établi un degré de confiance et de respect auquel il faut que les gouvernants parviennent, parce que au dessous de ce niveau ils ne vivent pas..... Il se rendait compte de cette nécessité, ce député de l'ancienne Chambre qui mit à l'ordre du jour la manière de faire respecter les pouvoirs publics..... Ce singulier ordre du jour m'a rappelé un mot charmant de M. Charles de Remusat : Un de mes collègues me disait : « Ce ne sont pas seulement vos rois qui s'en sont allés, c'est aussi le respect qui s'en va. » Charles de Rémusat entendit et venant à nous, il nous dit : « Non, ce n'est pas le respect qui s'en va, mes chers collègues, ce qui s'en va c'est le respectable (1). »

MM. Trarieux, Baragnon, Bernard, ont soutenu que le jury ne méritait pas, comme l'ont affirmé les partisans de la proposition de M. Marcel Barthe, d'être accusé de partialité. On ne craint pas de supposer, a dit M. Trarieux, que, « cédant au parti-pris politique, il pourrait se trouver des juges qui, contre l'évidence des faits, vien-

(1) *Journal Officiel* du 28 février 1890. Sénat, p. 179.

(1) *Journal Officiel* du 21 janvier 1890. Sénat, p. 143.

draient, de mauvaise foi, déclarer comme établie la preuve des imputations diffamatoires.

Devons–nous nous arrêter à ce procès de tendance fait à la conscience et à la loyauté de nos jurés ? Je le trouve, pour ma part, très téméraire et tout à fait injuste. J'ai trop l'expérience de cette juridiction, je l'ai trop souvent vue à l'œuvre, pour ne pas connaître son impressionnabilité, et je suis le premier à confesser qu'il est, en effet, des cas dans lesquels, non pas le parti-pris, mais l'emportement d'une passion politique a dû dicter des acquittements ou des condamnations ; mais je dis que si les hommes qui composent nos jurys sont faillibles, ils jurent de rendre la justice en citoyens probes et honnêtes, et, leur serment prêté, je les déclare sans hésiter incapables de fausser sciemment la vérité quand il ne s'agit que de constater un fait matériel.

Il n'y a pas à redouter de leur part un vrai mensonge, et, s'il est possible que, sur une question de culpabilité, ils cèdent au désir d'acquitter, il n'est pas admissible que sur une question de preuve légale ils poussent la félonie jusqu'à s'approprier et à prendre pour leur compte les diffamations qu'ils sont appelés à juger. (1).

Qui aurait cru, a dit M. Baragnon, « qu'un jour le garde des sceaux de la République dirait d'un jury ce qu'en a dit l'honorable Ministre (M. Thévenet) que nous avons entendu dans la dernière séance, qui m'aurait dit qu'un esprit aussi libéral que celui du dernier orateur (M. de Marcère) dont nous venons d'entendre les paroles, vien-drait devant nous élever contre le jury une si générale protestation.

(1) *Journal Officiel* du 15 février 1890. Sénat, page 131.

Messieurs, la juridiction du jury n'est pas l'impunité, et, quand on va devant lui, on est souvent condamné quand on le mérite. Quelquefois on échappe à sa juridiction ! Oui, le jury a peut-être quelque inconvénient, c'est celui de laisser parfois échapper un coupable ; mais, quant à moi, j'aurais peur de trouver dans vos tribunaux correctionnels, et en matière politique, un inconvénient contraire..... et je préférerais de beaucoup le jury..... c'est le plus triste des présents qu'on puisse faire à la magistrature française que de lui donner le pouvoir de juger les délits de presse. » (1).

Les tribunaux sur lesquels le pouvoir, a dit M. Bernard, « a tout moyen d'action ne sont pas assez indépendants pour juger ces délits de la presse avec une entière impartialité et surtout pour en convaincre l'opinion publique ; car il ne suffit pas d'être irréprochable, il faut ne laisser aucune prise à la suspicion, à la méfiance....

La magistrature sera exposée aux soupçons injurieux de dépendance et à une déconsidération aussi fatale, aussi, funeste pour elle-même que pour le Gouvernement.

Si la magistrature était consultée, elle refuserait le présent que vous voulez lui faire.....Supprimer le jury en matière de délits de presse, c'est porter atteinte à l'œuvre législative de 1881. C'est commettre une imprudence, une faute politique. On peut refuser longtemps à un peuple les réformes qu'il réclame, on ne les lui retire jamais sans quelque danger.

Or, le jury a été de tout temps réclamé par l'opinion libérale dans ce pays : le jury a été une véritable con-

(1) *Journal Officiel* du 21 février 1890. Sénat, page 151.

quête de la liberté. Ne laissons pas croire, ne laissons
pas dire à nos adversaires que nous avons peur de la
liberté » (1).

Les éloquents plaidoyers de MM. Baragnon, Biré,
Bernard, Fresneau et Trarieux en faveur du jury n'ont
pas empêché le Sénat de voter la proposition de M. Marcel
Barthe et par conséquent de déférer aux tribunaux
correctionnels la connaissance des délits d'offense au
Président de la République (art. 26), d'outrage aux bonnes mœurs (art. 28), d'offense envers les Chefs d'Etats
Etrangers (art. 36), envers les agents diplomatiques
étrangers (art. 37), d'injure et de diffamation envers les
fonctionnaires et les corps constitués (art. 30, 31, 33) (2).

Afin de défendre, comme il a dit à la tribune « la dernière ligne de retranchement (3) », M. Bardoux a proposé d'ajouter à l'article 45 une disposition ainsi conçue :
« Néanmoins, les délits d'injure publique et de diffama-
mation adressées au Sénat, à la Chambre des députés ou
au ministère, resteront soumis à la juridiction du jury. »

Cet amendement a donné lieu à une discussion que nous

(1) *Journal Officiel* du 21 février 1890. Sénat. Discours de M. Bernard,
page 154.

(2) La proposition Marcel Barthe a été adoptée, en première lecture, dans les séances du 20 et 21 février 1890, et en seconde lecture,
dans la séance du 28 février 1890. (*Journal Officiel* du 21 février 1890.
Sénat, page 157. *Journal Officiel* du 22 février 1890. Sénat, page 166.
Journal Officiel du 1er mars 1890. Sénat, page 187 et 193).

Nous espérons — est-ce une illusion ? — que la majorité républicaine de la Chambre des Députés repoussera cette proposition. Pour
ne pas encourir le reproche d'abandonner son drapeau, elle ne vau-
dra pas déroger à la tradition libérale qui a consacré l'institution du
jury en matière de délits de presse.

(3) *Journal Officiel* du 1er mars. Sénat, p. 188.

allons exposer brièvement, et à laquelle ont pris part MM. Bardoux, Marcel Barthe, Bérenger et Thévenet, ministre de la Justice.

En vous demandant, a dit M. Bardoux, « de décider que les délits d'injure et de diffamation adressées au Sénat, à la Chambre des députés, ou au Ministère resteront soumis à la juridiction du jury, mon but est de faire décider que le jury restera saisi de tout ce qui est délit d'opinion..... Vous venez, dans les deux délibérations, de faire connaître exactement votre résolution; elle est grave : vous avez pourtant tenu à déclarer qu'il n'était point entré dans votre intention de toucher en quoi que ce soit, à la liberté des doctrines et des opinions. Or, l'article 30 de la loi du 29 juillet 1881 reproduisant l'énumération de la loi de 1822, indique que la diffamation peut être commise envers des corps constitués.....

La première question qui se posait donc était de savoir si la loi de 1881 avait entendu comprendre parmi les Corps constitués : le Sénat, la Chambre et ce qu'on appelle le Ministère, en d'autres termes le Conseil des Ministres, le Gourvernement, ce qui est aussi un Corps constitué.

C'était une grosse question, Messieurs, et nous avons hésité avant de la porter à la tribune; il s'agissait de savoir si, à la Chambre des députés ou au Sénat, lors de la discussion de la loi de 1881, on avait entendu prévoir ce délit. Il est résulté de l'examen que nous avons fait contradictoirement avec la Commission, et de l'étude des commentaires que ce délit était compris dans l'article 30, et que ces mots « les Corps constitués » visaient aussi bien le Conseil d'Etat, par exemple, que le Sénat, que la Chambre des députés et le Ministère.

Je ne cite pas les autres Corps constitués puisqu'il n'y a pas d'hésitation en ce qui les concerne.

Eh bien, messieurs, je crois qu'il est impossible, lorsqu'il s'agit d'injure et de diffamation, comme d'outrage et d'offense vis-à-vis des Corps politiques, de distinguer ce qui est permis et ce qui n'est pas permis dans la critique et la censure de leurs actes..,..

..... Mais du moment que vous déférez à la police correctionnelle tous les délits de presse, ce n'est pas faire injure au Sénat que de lui dire qu'il y va de sa dignité... (exclamation à gauche)... qu'il y va de sa dignité, dis-je. de ne pas aller en police correctionnelle et ne pas faire juger par les juges ordiuaires les délits d'offense commis contre lui. J'insiste donc pour que vous rendiez au jury la connaissance des délits de presse vis-à-vis des collectivités que j'ai désignées dans mon amendement. Vous ferez un acte de liberté, et je le répète, un acte de dignité (1). »

M. Marcel Barthe a combattu l'amendement de M. Bardoux. Il a dit que le Sénat, la Chambre des Députés, le Ministère sont outragés tous les jours de la façon la plus grossière et il a déclaré qu'il est impossible de laisser au jury la connaissance de ces délits d'injure et de diffamation, car « si un acquittement avait lieu, il en résulterait pour les trois grands corps mentionnés par M. Bardoux dans son amendement, une flétrissure et un affaiblissement moral. »

Il a cité, à titre d'exemple, un article de l'*Autorité* et il s'est exprimé ainsi : « Quant au titre de l'article dont

(1) *Journal Officiel* du 1er mars 1890. Sénat. Discours de M. Bardoux, p. 188.

je vais citer un passage, en vérité, je n'ose pas dire quel il est. Quoique nous ayons pu nous familiariser dans les expositions qui viennent d'avoir lieu avec certains gros animaux de basse-cour, je ne me permettrai pas de lire le mot lui-même dans sa crudité. » C..... vous-mêmes. Cet article, qui est un premier Paris, contient le passage suivant : « Que leur a dit le général sous toutes les formes et sur tous les tons? Il leur a dit qu'ils étaient des pillards, des voleurs, des flibustiers. Aux applaudissements de l'opinion publique, il a montré ces Ministres, ces Sénateurs, ces Députés se gorgeant aux dépens de la France, arrivés à Paris en sabots, sans le sou et qui roulent carrosse aujourd'hui, possèdent des châteaux, font sauter les millions. »

Messieurs, vous ne voulez voir là dedans qu'une injure? Je suis de votre avis. Evidemment on ne peut pas offrir une preuve précise, contre un corps constitué, pour des faits de cette nature.

Si celui qui a écrit cette infamie était traduit devant un tribunal correctionnel ou devant la Cour d'assises, comment s'y prendrait-il pour prouver les faits affirmés par lui, pour prouver cette imputation que les Sénateurs, les députés et les Ministres sont arrivés pauvres, qu'ils se sont enrichis, qu'ils roulent carrosse et qu'ils jouent avec des millions aux dépens des contribuables? Evidemment, il ne le pourrait pas. Comment voudriez-vous, d'autre part, que les corps constitués pussent faire une preuve contraire? La même impossibilité existerait pour eux. Donc, j'ai raison de dire que les imputations qui sont dirigées contre les corps constitués, spécialement contre l'ensemble de la Chambre des Députés, contre l'ensemble du Sénat, contre l'ensemble du Ministère sont des outrages tout simplement.

Or, le Sénat, en adoptant l'article 1er qui comprend les injures, outrages et offenses, article que M. Bardoux lui-même accepte, a décidé que la connaissance de ces délits appartiendrait à la police correctionnelle ; si vous êtes obligés de reconnaître que les imputations ignobles dirigées contre les trois corps constitués dont je vous parlais ne sont que des outrages, il faut bien admettre, par voie de conséquence, que c'est la police correctionnelle qui doit connaître des diffamations dirigées contre ces mêmes corps, comme elle doit connaître des diffamations dirigées contre tous les corps constitués. » (1)

M. Thévenet, Garde des Sceaux, s'est borné à présenter une observation relative à la mise en mouvement de l'action publique. Si vous voulez, a-t-il dit, « vous reporter à la loi du 29 juillet 1881, vous verrez qu'une procédure spéciale a été organisée pour les corps constitués. Les corps constitués ne peuvent pas être amenés malgré eux devant le Tribunal où devant la juridiction qui doit connaître des délits commis à leur égard : les corps constitués doivent prendre une délibération spéciale, de telle sorte que dans chacun des cas déterminés, dans chaque espèce, devrais-je dire, soit le Sénat, soit la Chambre des Députés, aura à apprécier s'il lui convient de dédaigner la diffamation ou de la traduire devant les tribunaux. » (2).

(1) *Journal Officiel* du 1er mars 1890. Sénat. Discours de M. Marcel Barthe, page 189.

(2) *Journal Offici l* du 1er mars 1890. Sénat, page 189.

M. Bérenger a proposé au Sénat de faire une distinction entre les injures et diffamations adressées au Sénat et à la Chambre des Députés d'une part et celles adressées au Ministère d'autre part. Il n'y a pas, a-t-il dit, (1) « beaucoup d'intérêt à cette question de juridiction pour le cas d'imputations même graves dirigées contre l'une ou l'autre Chambre. En effet, les corps dont la mission est de représenter le pays lui-même sont si haut placés qu'il est de leur dignité de dédaigner des injures qui ne peuvent pas les atteindre.... Le juge d'un corps politique ne doit pas être un Tribunal, fût-ce le Jury : son juge, c'est le pays lui-même qui l'a élu..... Mais ceci réservé, la question reste très considérable ; elle est même à mon sens de la dernière gravité. Qu'est-ce en effet que la diffamation adressée au Ministère si ce n'est l'attaque politique contre le gouvernement. Or, l'attaque contre le gouvernement est, avant tout, quelque forme qui lui soit donnée, la discussion de sa politique. Vous voulez, cela a été dit vingt fois dans cette discussion, — tout en atteignant des habitudes dont le scandale et le désordre nous ont justement frappés, — vous voulez préserver la liberté de discussion. Votre intention est donc que tous les actes de la politique, c'est-à-dire les actes mêmes des Ministères puissent être l'objet de la critique, de la critique la plus complète, la plus absolue ; vous le voulez, et vous êtes en cela d'accord avec tous ceux qui, depuis le commencement du siècle, ont défendu la liberté publique.

Comment déterminer où commence la diffamation et

(1) *Journal Officiel* du 1ᵉʳ mars 1890. Sénat, p. 190.

où finit la discussion dans un discours ou un article de critique véhémente. Il faut en présence des désordres qui se produisent savoir affermir vos esprits.

Nous sommes aujourd'hui la majorité, sachons nous rappeler les opinions que nous professions quand nous étions dans l'opposition. Souvenez-vous que ce qui vous paraît aujourd'hui insupportable par ce que vous en souffrez, vous le trouviez alors légitime parce que la liberté en profitait. (Très bien, très bien, à droite et au centre). Il faut savoir supporter même quand les situations changent et qu'on n'y a plus les mêmes avantages, les excès inévitables de la liberté. Il faut assurer une discussion indépendante, large, absolue des actes du Gouvernement. Voilà l'essentiel. Le jury seul peut y pourvoir. »

La discussion étant close, M. le Président a mis aux voix la première partie de l'amendement de M. Bardoux : « Néanmoins les délits d'injure publique et de diffamation adressées au Sénat et à la Chambre des Députés resteront soumis à la juridiction du jury.

Cette partie de l'amendement n'est pas adoptée. (1)

Les mots « au Sénat et à la Chambre des Députés » étant repoussés, M. le Président a mis aux voix la deuxième partie de l'amendement de M. Bardoux : « Néanmoins les délits d'injure publique et de diffamation adressées au Ministère resteront soumis à la juridiction du jury. » Sur la demande de plusieurs sénateurs, il est procédé au scrutin.

(1) *Journal Officiel* du 1er mars 1890. Sénat, p. 191.

Nombre des votants... 274

Majorité absolue............. 138

Pour. 103

Contre................................ 171

Le Sénat n'a pas adopté. (1)

Il résulte très nettement des discours qui ont été pro-noncés au Sénat, dans la séance du 28 février, que la discussion n'a pas porté sur le point de savoir s'il serait bon de *compléter* la loi du 29 juillet 1881 en créant un *délit nouveau*, le délit d'injures et de diffamation envers le Sénat et la Chambre des Députés. La discussion a porté seulement sur le point de savoir si ce délit *prévu* et puni par la loi du 29 juillet 1881 devait être jugé par le jury ou par les tribunaux correctionnels.

Tous les orateurs qui ont pris la parole ont admis, comme un principe indiscutable que les expressions « injure et diffamation envers les corps constitués » s'appliquent aux outrages envers le Sénat, la Chambre des Députés ou le Ministère. La première question qui se posait, a dit M. Bardoux, « était de savoir si la loi du 29 juillet 1881 avait entendu comprendre parmi les corps constitués : le Sénat, la Chambre, et ce qu'on appelle le Ministère, en d'autres termes, le Conseil des Ministres, le Gouvernement, qui est aussi un corps constitué.

C'était une grosse question, Messieurs, et nous avons hésité avant de la porter à la tribune ; il s'agissait de savoir si, à la Chambre des Députés ou au Sénat, lors de la discussion de la loi de 1881, on avait entendu prévoir

---

(1) *Journal Officiel* du 1er mars 1890. Sénat, p. 191.

ce délit. Il est résulté de l'examen que nous ayons fait contradictoirement avec la commission, et de l'étude des commentaires que ce délit était compris dans l'article 30, et que les mots « les corps constitués » visaient aussi bien le Conseil d'Etat, par exemple, que le Sénat, que la Chambre des Députés et que le Ministère. » (1)

Nous n'hésitons pas à reconnaître que le Sénat, la Chambre des Députés et le Ministère sont des « corps constitués » nous reconnaissons également — quoique l'opinion contraire puisse être soutenue, — que l'outrage au Ministère pris dans son ensemble est un délit prévu par les articles 30 et 33 de la loi de 1881 ; mais nous espérons démontrer que depuis la loi du 29 juillet 1881, l'outrage envers les deux Chambres ne constitue plus un délit, bien que le Sénat et la Chambre des Députés soient des « corps constitués ».

Il est incontestable qu'avant la loi du 29 juillet 1881, les offenses envers l'une ou l'autre Chambre, étaient punies non pas en vertu de l'article 15 de la loi du 17 mai 1819 relatif « à la diffamation ou injure envers les « corps constitués » mais en vertu de dispositions législatives spéciales.

Ces dispositions spéciales étaient l'article 11 de la loi du 17 mai 1819, qui punissait l'offense envers les deux Chambres et l'article 2 du décret du 11 août 1848 qui punissait l'offense à l'Assemblée Nationale.

Depuis la promulgation de la loi du 29 juillet 1881, l'outrage envers les deux Chambres ne peut plus être puni en vertu de l'article 11 de la loi du 17 mai 1819 et

(1) *Journal Officiel* du 1er mars 1890. Sénat, p. 188.

l'article 2 du décret du 11 août 1848, car ces lois ne sont plus en vigueur. Elles ont été abrogées par l'article 68 de la loi du 29 juillet, qui est ainsi conçu : « Sont abrogés les édits, lois, décrets, ordonnances, arrêtés, règlements, déclarations généralement quelconques, relatifs à l'imprimerie, à la librairie, à la presse périodique ou non périodique, au colportage, à l'affichage, à la vente sur la voie publique et aux crimes et délits prévus par les lois sur la presse et les autres moyens de publication, sans que puissent revivre les dispositions abrogées par les lois antérieures ». L'outrage envers les deux Chambres ne peut pas non plus être puni, en vertu de l'article 30 de la loi de 1881, relatif au délit de diffamation envers les corps constitués, car il résulte jusqu'à *la dernière évidence*, de la discussion qui a eu lieu à la Chambre des Députés, le 31 janvier et le 14 février 1881, que l'outrage au Sénat ou à la Chambre des Députés ne constitue pas un délit. C'est ce que nous allons démontrer.

L'article 29 du projet de loi sur la presse était ainsi conçu : « Tout outrage, commis publiquement, d'une manière quelconque, envers le Président de la République, sera puni d'un emprisonnement de six mois à deux ans et d'une amende de 100 fr. à 3,000 fr., ou de l'une de ces deux peines seulement. La même pénalité est applicable à tout outrage commis, par les moyens énoncés en l'article 26, envers le Sénat et la Chambre des Députés. » (1)

---

(1) Celliez et Le Senne. Loi de 1881 sur la presse, accompagnée des travaux de rédaction et conforme au compte rendu *in-extenso* du *Journal Officiel*, page 348. *Journal Officiel* du 1er février 1881. Chambre des Députés, page 106.

Cet article a été discuté en première lecture dans la séance du 31 janvier 1881, sous la présidence de M. Gambetta. Vivement attaqué par MM. Ballue, Madier de Montjau et Cunéo d'Ornano, il a été défendu par M. Lisbonne, rapporteur de la Commission. Voici quelques extraits des discours prononcés par ces orateurs :

M. BALLUE. — Je crois que, « lorsqu'on a l'honneur d'être investi d'un mandat politique, il ne faut point aller demander à un tribunal de vous venger de certains outrages .... Si vous avez été des mandataires fidèles, ce sont vos électeurs qui vous vengeront ; si vous avez été des mandataires infidèles, ce ne seront ni les réquisitoires d'un magistrat de l'ordre judiciaire, ni les rigueurs de la loi, qui vous protégeront contre le juste ressentiment de ceux que vous aurez trahis..... Quel a été et quel peut être le préjudice causé par des outrages au Président de la République et aux Chambres ? Il n'y en a pas..... En matière de presse, il n'y a réellement pas de milieu entre la servitude et la licence. Pour recueillir les biens inestimables qu'assure la liberté de la presse, il faut savoir se soumettre aux maux inévitables qu'elle fait naître. Vouloir obtenir les uns, en échappant aux autres, c'est se livrer à l'une des illusions dont se bercent d'ordinaire les nations malades.... » (1)

M. MADIER DE MONTJAU. — Ce que je viens essayer de faire, « et je souhaite ardemment réussir, pour qu'on voie que nous comprenons notre temps, et les institutions que nous avons en partie fondées ; ce que je viens essayer, c'est de vous empêcher, vous, républicains, de voter une

_____

(1) Celliez et Le Senne, pages 348 à 354. *Journal Officiel* du 1ᵉʳ février 1881. Chambre des Députés, pages 106 à 108.

loi qui, non seulement n'est pas républicaine, mais qui est l'antipode même de la République, qui n'est pas seulement monarchique, mais césarienne. Ce que je veux tenter, et je le répète, avec un désir immense d'y parvenir, c'est de vous empêcher, vous, républicains, à la fin du dix-neuvième siècle, de voter soi-disant au profit de la plus haute magistrature de la République, qui n'a pas besoin de cette protection, à votre profit personnel, chose déplorable, et au profit de l'autre Chambre, une loi qui n'est autre chose que l'ancienne loi de lèse-majesté, de lèse-majesté en 1881! entendez-vous!....

..... Le Président de la République, issu du choix des Chambres réunies, n'a pas besoin d'être couvert par vos boucliers inutiles, comme un prince de droit divin, fils de l'hérédité, qui peut être un fou comme Georges IV ou un crétin comme Charles VI. Au-dessus de votre loi, il se soucie peu qu'elle monte jusqu'à lui pour le protéger. Ne lui faites pas cette injure de le couvrir malgré lui. Ne vous faites pas à vous-mêmes cette injure plus grande encore de croire qu'une loi d'exception est nécessaire pour sauvegarder votre dignité et garantir votre honneur....» (1)

M. Cunéo d'Ornano.— « Les lois de répression dont vous ne cessez de vous plaindre, ce sont des lois de 1848 et de 1849. Il faut courageusement innover. Si vous donnez à la presse la liberté absolue, vous ferez ce qu'aucune république n'avait encore osé faire, si ce n'est par des déclarations platoniques ou même

---

(1) Celliez et Le Senne, p. 356 à 369. *Journal Officiel* du 1er février 1881. Chambre des Députés, p. 108 à 110.

perfides que l'évènement venait cruellement démen-
tir. » (1).

M. LISBONNE. — Toutes les législations ont cherché
à préserver de l'outrage, le chef de l'État. « Vous-mêmes,
dans votre règlement, vous avez établi une peine : la
censure avec exclusion temporaire, contre tout député
qui se rend coupable d'outrage envers la République, le
Sénat, la Chambre ou une partie de la Chambre. Vous
protestez donc vous-mêmes contre l'impunité de ce délit
d'outrage euvers le président de la République, le Sénat
et la Chambre des Députés....» (2)

Après cette discussion, il a été procédé au scrutin public :

Nombre des votants	459
Majorité absolue	230
Pour l'adoption	205
Contre	254

La Chambre des Députés n'a pas adopté l'article 26 (3).

Dans la séance du mardi 1er février, la Chambre,
après avoir entendu les discours de MM. Marcou,
Lockroy, Georges Périn, Victor Plessier et Clémenceau,
a repoussé également par 246 voix contre 182, un amendement de M. Marcou tendant à faire punir de l'empri-

(1) Celliez et Le Senne, p. 359 à 362. *Journal Officiel* du 1er février
1881. Chambre des Députés, p. 110.

(2) Celliez et Le Senne, p. 354 à 355. *Journal Officiel* du 1er février
1881. Chambre des Députés, p. 108.

(3) Celliez et Le Senne, p. 362 à 365. *Journal Officiel* du 1er février
1881, p. 111 et 113.

sonnement de 3 mois à un an, l'outrage envers la République (1).

L'article 26 a été discuté en seconde lecture, dans la séance du 14 février 1881, sous la présidence de M. Gambetta. MM. Marcou, Roudier et Fourot ont présenté un amendement ainsi conçu : « L'outrage à la République, à la Chambre des Députés, au Sénat et au Président de la République, par l'un des moyens énoncés dans l'arti-24 (c'est-à-dire 23 et 28 de la loi de 1881) est puni d'un emprisonnement de trois mois à un an et d'une amende de 100 fr. à 3,000 (2). M. Marcou a défendu son amendement avec une véritable éloquence : « Si vous repoussez mon amendement, a-t-dit, vous élevez l'outrage à la hauteur d'une institution. Vous donnez libre carrière à tous vos ennemis..... L'outrage permis, c'est la guerre déclarée à la République et la pire de toutes les guerres..... Ne soyez pas inconséquents..... Les monarques étrangers, leurs ambassadeurs, les ministres eux-mêmes seront protégés contre les injures et les outrages, et la République, la Chambre des Députés, le Sénat, le Président de la République, pourront être impunément diffamés, vilipendés, outragés. Cela est-il logique ? Cela peut-il être ?..... Protégez nos institutions, protégez la République, la Chambre des Députés, le Sénat et le Président de la République, là est le salut, là est la digue contre la réaction. Si vous livrez ces institutions aux coups de vos ennemis, quelle sera l'attitude des répu-

(1) Celliez et Le Senne, p. 870 à 883. *Journal Officiel* du 2 février 1881. Chambre des Députés, p. 118 à 121.

(2) Celliez et Le Senne, p. 883, *Journal Officiel* du 15 février 1881. Chambre des Députés, p. 247.

blicains ? Que nous faudra-t-il faire ? Où bien nous devons renoncer à nous dire républicains, ou bien il nous faudra prendre nous-mêmes les armes pour repousser l'insulte. » (1).

..... M. CLÉMENCEAU a demandé : « Qu'on puisse impunément outrager la République » (2). Vous voulez défendre la République comme Napoléon III avait entrepris de défendre l'Empire, par lois de répression qui, loin de protéger les régimes précédents, n'ont servi qu'à les abuser grossièrement, à les aveugler sur leur propre intérêt, à les perdre en compromettant de la façon la plus grave, les intérêts primordiaux du pays. Voilà pourquoi nous vous disons : Quand vous voulez connaître la cause véritable de la chute de nos différents régimes monarchiques, ne vous arrêtez pas aux causes occasionnelles, aux faits qui peuvent frapper les yeux du vulgaire ; allez jusqu'à la cause profonde de l'effondrement de ces régimes, et vous le trouverez infailliblement dans la méconnaissance de l'opinion, dans la défiance de la liberté..... La liberté que nous demandons, ce n'est pas seulement la liberté du parti qui est au pouvoir ; ce n'est pas votre liberté à vous républicains, c'est la liberté de nos adversaires, c'est la liberté de tous...» (3)

M. JULES MAIGNE a succédé à la tribune à M. Clé-

---

(1) Celliez et Le Senne, p. 383 à 387. *Journal Officiel* du 15 février 1881, p. 247.

(2) Celliez et Le Senne, p. 377. *Journal Officiel* du 2 février 1881, p. 110.

(3) Celliez et Le Senne, p. 388 à 391. *Journal Officiel* du 15 février. Chambre des Députés, p. 248 à 250.

menceau pour défendre l'amendement de M. Marcou : « En France, a-t-il dit, on aime les gouvernements qui se respectent et qui se font respecter. Le jour où il serait établi pour tous, dans les provinces surtout, qu'on peut insulter impunément la République elle-même et les trois grands pouvoirs de l'Etat, notre gouvernement et nous-mêmes tomberions dans le mépris public. Non, jamais le peuple français n'accordera sa confiance, jamais il ne donnera son appui à un gouvernement qui ne saura pas se faire respecter. Il ne comprend pas du tout qu'un homme, pas plus qu'un gouvernement, puisse subir longtemps, sans les voir réprimer, l'injure et l'outrage qui tendent à l'avilir et à le déshonorer. » (1)

La discussion étant close, et la division ayant été demandée, M. le Président Gambetta s'exprime ainsi :

« Il s'agit de savoir à quel endroit précis du texte de l'amendement de M. Marcou, la Chambre entend pratiquer la division.

Voici d'abord le texte de l'amendement :

Faire précéder l'article 26 de la disposition suivante : « L'outrage à la République, à la Chambre des Députés, au Sénat et au Président de la République, par l'un des moyens énoncés dans l'article 24, est puni d'un emprisonnement de trois mois à un an et d'une amende de 100 fr. à 3,000 fr. »

Je ferai remarquer à M. Marcou, que pour ne pas commencer à commettre un des délits d'outrage qu'il

---

(1) Celliez et Le Senne, p. 391 à 399. *Journal Officiel* du 15 février 1881, p. 249.

veut réprimer, il faut suivre l'ordre hiérarchique et dire : « L'outrage à la République, au Président de la République, au Sénat et à la Chambre des Députés.

« La Chambre entend-elle arrêter la division à la première ligne, c'est-à-dire à « l'outrage de la République. »

Voix nombreuses : Oui ! Oui !

M. LE PRÉSIDENT. — Il est donc bien entendu que le scrutin ne portera d'abord que sur cette partie de l'amendement : « L'outrage à la République. »

Il y a, ainsi que je l'ai annoncé déjà, une demande de scrutin sur l'amendement de M. Marcou, signée par MM. Marion, Dreyfus, Durand, Achard, Roudier, Moreau, de Laffite, Villain, Fouquet, Rollet, Tiersot, Sallard, Reyneau, Maigne, Hugot, Jacques, Chaix, Maze, Belon, etc.

Cette demande, dans l'intention des membres qui l'ont signée, est applicable aux diverses parties de l'amendement de M. Marcou. (Oui ! Oui ! Très bien !)

Il va être procédé au scrutin sur ces mots : « L'Outrage à la République » (1).

Voici le résultat du dépouillement du scrutin :

Nombre des votants	451
Majorité absolue	226
Pour l'adoption	205
Contre	246

(1) Celliez et Le Senne, p. 403. *Journal Officiel* du 15 février 1881, p. 253. Chambre des Députés.

La Chambre des Députés n'a pas adopté la première partie de l'amendement de M. Marcou à l'article 26 du projet (outrage à la République) (1).

M. LE PRÉSIDENT.— Je consulte maintenant la Chambre sur les mots : « à la Chambre des Députés, au Sénat. »
Cette partie de l'amendement, mise aux voix, n'est pas adoptée. (2)

M. LE PRÉSIDENT. — Maintenant, il ne subsiste plus dans l'amendement de M. Marcou que les mots : « Au Président de la République par l'un des moyens, etc... »
A cette partie de l'amendement on réclame l'application de la demande de scrutin public, qui a été déposée tout à l'heure sur l'ensemble.
Il va être procédé au scrutin.
Voici le résultat du dépouillement du scrutin :

Nombre des votants	459
Majorité absolue	230
Pour l'adoption	269
Contre	190

La Chambre des Députés a adopté le paragraphe 3 de l'amendement de M. Marcou à l'article 26 du projet (outrage au Président de la Règublique). (3)

---

(1) Celliez et Le Senne, p. 404 à 406. *Journal Officiel* du 25 février 1881, p. 253.

(2) Celliez et Le Senne, p. 406. *Journal Officiel* du 15 février 1881, p. 253.

(3) Celliez et Le Senne, p. 406 à 409. *Journal Officiel* du 15 février 1881, p. 253.

Par suite de ce triple vote l'article 26 a été rédigé ainsi :

« L'outrage au Président de la République, par l'un des moyens désignés dans l'article 24 et dans l'article 28, est puni d'un emprisonnement de trois mois à un an et d'une amende de 100 fr. à 3000 fr. (1) »

Cet article a été adopté sans discusion par le Sénat, dans la séance du 11 juillet 1881. (2)

Le Sénat s'est borné à substituer dans le texte voté par la Chambre le mot *Offense* au mot *Outrage*. Pourquoi ce changement a-t-il était fait ? M. Pelletan a dit dans son rapport que « l'offense est le terme consacré et par cela seul qu'il est exceptionnel il convient mieux à la situation exceptionnelle du chef de l'Etat ! (3)

Résumons cette discussion en quelques mots. Dans la séance du 31 janvier 1881, la Chambre des Députés a repoussé, en première lecture, dans toutes ses dispositions, l'article 29 du projet (article 26 de la loi de 1881), qui punissait l'outrage envers le Président de la République, le Sénat et la Chambre des Députés. (4) Dans la séance du 1er février 1881, la Chambre des Députés a repoussé également, en première lecture, un amendement de M. Marcou tendant à ériger en délit l'outrage à la République. En seconde lecture, le 14 février 1881, M.

(1) Celliez et Le Senne, p. 415.

(2) Celliez et Le Senne, p. 416. *Journal Officiel* du 12 juillet 1881. Sénat.

(3) Celliez et Le Senne, p. 415.

(4) Dans le rapport verbal complémentaire qu'il a fait au nom de la commission chargée d'examiner les diverses propositions de loi rela-

Marcou a présenté un amendement ayant pour objet de faire punir de l'emprisonnement et de l'amende l'outrage à la République, au Sénat, à la Chambre des Députés et au Président de la République. Le vote par division sur chacun des termes de la proposition de M. Marcou fut demandé. Les premiers termes relatifs à l'outrage à la République, au Sénat, à la Chambre des Députés furent successivement mis aux voix et repoussés. La partie de l'amendement relative à l'*outrage* au Président de la République fut adoptée. Le Sénat s'est borné à substituer le mot *offense* au mot *outrage*.

Il résulte bien nettement de cette discussion que le législateur n'a pas voulu ériger en délit l'outrage au Sénat et à la Chambre des Députés.

Si on nous objecte que, le Sénat et la Chambre des Députés étant des corps constitués, l'outrage aux deux chambres pourrait être qualifié diffamation envers des corps constitués, notre réponse est facile.

Nous répondons d'abord que le Sénat et la Chambre

tives à la presse, M. Lisbonne s'exprime ainsi : « Dans le projet primitif nous avions introduit une disposition qui punissait l'outrage envers le Président de la République, l'outrage envers la Chambre et le Sénat, et aussi l'outrage envers la République. Sur le renvoi à la commission du contre-projet de M. Floquet, nous crûmes devoir ne retenir que le délit d'outrage envers le Président de la République, le Sénat et la Chambre. Cette nouvelle rédaction vous fut soumise et dans la séance du 31 janvier 1881, vous rejetâtes en entier l'article proposé. *Journal Officiel* du 15 février 1881. Chambre des Députés, p. 236. » Si M. Lisbonne qui a assisté à la séance du 28 février 1890 et qui a voté pour l'amendement Bardoux s'était souvenu du vote émis par la Chambre des Députés sur l'article 29 du projet primitif, il aurait pu empêcher ses collègues de discuter inutilement une question de compétence à propos d'un délit qui n'existe pas.

des Députés sont certainement des corps constitués mais
que dans le langage législatif, l'expression « corps constitués, » ne s'applique pas aux deux Chambres. C'est ce
qui résulte de la comparaison de deux articles de la loi
du 17 mai 1819 : l'article 15 qui punissait la diffamation
envers les *Corps constitués* et l'article 11 qui punissait
l'*offense* aux deux Chambres. (1).

Si le législateur de 1819 avait voulu que la qualifica-
tion légale de corps constitués s'appliquât non-seulement
aux corps constitués proprement dits, c'est-à-dire aux
Conseils généraux, municipaux, d'arrondissement, Conseils de révision, Conseil supérieur de l'Instruction publique, Conseils académiques, Facultés de Droit, de
Médecine, des Lettres, des Sciences, de Théologie, mais
encore aux deux Chambres, il n'a pas écrit une disposition spéciale (l'article 11) pour punir l'offense envers les
deux Chambres.

Nous répondrons ensuite que dans la pensée des
rédacteurs du projet de loi présenté par la Commission
de la Chambre des Députés chargée d'examiner les propositions relatives à la presse, l'expression « Corps
constitués » ne s'appliquait pas aux deux Chambres. En
effet, le projet primitif prévoyait — comme la loi du

(1) L'article 15 de la loi du 25 mars 1822 autorisait la Chambre
offensée à traduire le prévenu à sa barre. « Dans le cas d'offense
envers les Chambres ou l'une d'elles, la Chambre offensée, sur la
simple réclamation d'un de ses membres, pourra, si mieux elle n'aime autoriser les poursuites par la voie ordinaire, ordonner que le
prévenu soit traduit à sa barre. Après qu'il aura été entendu ou
dûment appelé, elle le condamnera s'il y a lieu, aux peines portées
par les lois. La décision sera exécutée sur l'ordre du Président de la
Chambre. »

17 mai 1819, dans deux articles — l'outrage aux Chambres (article 29) et la diffamation envers les Corps constitués (article 30). De plus, l'article 44 § 1 du projet tel qu'il a été rédigé par la Commission, montre bien que les deux Chambres n'étaient pas comprises dans l'expression « Corps constitués ». Cet article était ainsi conçu : « Sont déférés à la Cour d'assises, outre les provocations au crime suivies d'effet, les délits de provocation an crime non suivies d'effet, d'outrage envers la République, *le Sénat ou la Chambre des Députés*, d'outrage aux bonnes mœurs, *de diffamation ou d'injure envers les Corps constitués.* » (1) Est-ce que tous ces textes ne prouvent pas que dans la pensée des rédacteurs de la loi l'expression « Corps constitués » comprend tous les corps constitués autres que le Sénat et la Chambre des Députés ?

Nous disons enfin qu'il est impossible après avoir lu la discussion à laquelle ont donné lieu l'article 29 du projet primitif et l'amendement Marcou de soutenir qu'on puisse poursuivre l'outrage au Sénat et à la Chambre des Députés en le qualifiant « diffamation envers des Corps constitués. » La Chambre des Députés a délibéré deux fois sur le point de savoir si l'outrage au Sénat et à la Chambre des Députés devait être puni : elle a décidé deux fois, qu'il ne devait pas être puni : une première fois, le 31 janvier 1881, en repoussant l'article 29 du projet primitif et une seconde fois, le 14 février 1881, en rejetant l'amendement de M. Marcou. Nous avons donc le droit

---

(1) Celliez et Le Senne, p. 348, 448, 556. — *Journal Officiel,* du 1er février 1881, p. 106. Chambre des Députés.

de dire que, depuis la promulgation de la loi du 29 juillet 1881, l'outrage envers le Sénat et la Chambre des députés n'est pas un délit.

Telle est également l'opinion expprimée par M. Jules Cazot, alors Ministre de la Justice, dans la circulaire qu'il a adressée, le 9 novembre 1881, aux Procureurs généraux près les Cours d'appel, sur l'application de la loi de 1881. Cette circulaire, qui est pour ainsi dire le commentaire officiel de la loi du 29 juillet 1881, contient le le passage suivant : « Délits contre la chose publique : Trois délits seulement ont été retenus dans cette catégorie : l'offense envers le Président de la République, les fausses nouvelles, l'outrage aux bonnes mœurs. *Les outrages aux Chambres et l'outrage au Gouvernement de la République* qui figuraient dans le projet primitif, ont été supprimés dans la discussion à cause de leur caractère politique (1). »

Pendant toute la discussion à laquelle a donné lieu l'amendement de M. Bardoux et qui a occupé presque entièrement la séance du 28 février 1890, il n'a pas été dit un seul mot de l'article 29 du projet primitif et de l'amendement de M. Marcou. Il est vraiment surprenant que MM. Bardoux, Marcel Barthe, Bérenger et Thévenet, Ministre de la Justice, qui ont pris la parole le 28 février dernier, n'aient pas consulté, avant de monter à la tribune, les travaux préparatoires de la loi de 1881. S'ils avaient connu l'amendement de M. Marcou, s'ils avaient lu la circulaire de M. Jules Cazot, ils n'auraient pas

---

(1) *Journal Officiel* du 11 novembre 1881, p. 6,247. — Celliez et Le Senne, p. 723.

engagé une discussion tout à fait oiseuse. Il est étonnant surtout que M. Jules Cazot qui a assistéà la séance du 28 février et qui a voté contre l'amendement de M. Bardoux (1) ne se soit pas souvenu de la circulaire qu'il a adressée comme Ministre de la Justice aux Procureurs généraux, le 9 novembre 1881. S'il avait été mieux servi par sa mémoire, il aurait pu rappeler au Sénat ce qu'il a dit dans sa circulaire relative à l'application de la loi du 29 juillet 1881 sur la liberté de la presse : « Les outrages aux Chambres et l'outrage au Gouvernement de la République, qui figuraient dans le projet primitif, ont été supprimés dans la discussion à cause de leur caractère politique (2). » Le Sénat, ainsi averti, n'aurait pas consacré, comme nous l'avons dit au début de cet article, une séance tout entière à discuter une question qui n'est pas discutable et il n'aurait pas décidé de déférer aux tribunaux correctionnels la connaissance *d'un délit qui n'existe pas*.

SYLVESTRE DE PITTI-FERRANDI,
Professeur de Législation Criminelle à la Faculté de Droit d'Aix.

Aix, le 10 mars 1890.

(1) *Journal Officiel* du 1er mars 1890, Sénat, p. 193.
(2) *Journal Officiel* du 11 novembre 1881, p. 6,247.

www.ingramcontent.com/pod-product-compliance
Lightning Source LLC
Chambersburg PA
CBHW071321200326
41520CB00013B/2847